ALLOCUTION

PRONONCÉE

Par M. CANTEL

Ancien premier Président de la Cour de Dijon

A UN

BANQUET D'ANCIENS MAGISTRATS

A Lyon, le 6 Mars 1893

ET

Réponse de M. Henri BEAUNE

Ancien Procureur Général à la Cour de Lyon

LYON

IMPRIMERIE EMMANUEL VITTE

Rue Condé, 3o.

—

1893

ALLOCUTIONS

BANQUET D'ANCIENS MAGISTRATS

ALLOCUTION

PRONONCEE

Par M. CANTEL

Ancien premier President de la Cour de Dijon

A UN

BANQUET D'ANCIENS MAGISTRATS

A Lyon, le 6 Mars 1893

ET

Réponse de M. Henri BEAUNE

Ancien Procureur General à la Cour de Lyon

LYON

IMPRIMERIE EMMANUEL VITTE

Rue Condé, 3o.

—

1893

ALLOCUTION PRONONCEE PAR M CANTEL

Mes chers collègues,

Ma première parole doit être un acte de reconnaissance envers vous, de reconnaissance pour votre accueil si cordial, pour le grand honneur que vous m'avez fait en m'appelant a présider cette réunion

Un des côtes les plus attachants de la vie judiciaire, telle que nous l'avons connue, etait cette intimite entre les magistrats d'un même siège, intimité fondée sur des sentiments d'estime réciproque et qui naissait naturellement de l'accomplissement en commun des mêmes devoirs.

Ces relations dont aucun de nous n'a oublie le charme n'étaient plus pour moi qu'un souvenir et un sujet de regrets, mais je sens que ce soir, au milieu de vous, dans ce courant de chaude sympathie qui circule autour de cette table, ce souvenir redevient une réalite. Je pourrais même me faire un instant cette illusion que le monde n'a pas marché depuis quinze ans, que rien ne s'est passé pendant ce long espace de temps, sur notre terre de France, que les jacobins et les francs-maçons ne sont pas les maîtres du pouvoir, que nous tous ici présents nous allons demain nous retrouver ensemble au Palais, les uns assis pour écouter, les autres debout pour conclure, tous unis dans un même sentiment, celui de l'amour de la justice.

Cette illusion qui évoque dans nos âmes l'image d'un passé qui nous fût cher serait-elle, par hasard, la vision lointaine et prophétique d'un avenir meilleur ?

Ce qu'on peut affirmer sans crainte d'être démenti, c'est que cette image du passé n'a absolument aucune ressemblance avec les réalités présentes.

Un nom vient sur toutes les lèvres, celui de *Panama* Il y a peu de jours, dans une spirituelle allocution prononcée devant les membres de la société bibliographique, Mgr d'Hulst disait sur un ton un peu humoristique ·

« Aujourd'hui, quand plusieurs personnes s'assemblent et que ce n'est pas pour garder le silence, tout le monde s'etonne s'il n'est pas dit un mot du Panama. »

Je ne vous donnerai point cet etonnement.

Comment, en effet, n'en serait-il rien dit, dans notre réunion composée exclusivement d'hommes qui avaient voue leur existence a l'étude et a la pratique des choses judiciaires?

Le Panama remplit du bruit de son nom le palais de justice de Paris ; on l'y retrouve partout, depuis le cabinet du juge d'instruction jusqu'aux audiences de la cour suprême ; il était hier devant toutes les juridictions de la cour d'appel, demain il sera aux assises.

Et quel spectacle nous offre-t-il ?

Celui de la politique faisant invasion dans le domaine de la justice, cherchant a mettre un sceau sur les lèvres d'où pourraient s'échapper de redoutables verités, couvrant de sa protection les têtes les plus coupables, ne livrant qu'a regret celles qu'accable l'evidence et dont l'impunite serait un défi jeté a la conscience publique

Jusqu'a quel point la politique a-t elle reussi a intimider ou a egarer la justice? — Quel degré de complaisance ou de complicite a-t-elle rencontre dans le personnel de la magistrature épuree?

Le temps qui soulève tous les voiles nous l'apprendra sans doute et l'histoire le racontera un jour.

Pour nous qui sommes les témoins attristés de ce honteux épisode de nos annales contemporaines, il nous est impossible, en faisant un retoui sur nous-mêmes, de n'y pas voir un motif de consolation.

Lorsque vivait encore l'ancienne magistrature, celle à qui nous sommes fiers d'avoir appartenu, jamais pareilles suspicions ne s'etaient élevées contre elle, avec ce caractère de persistance et d'universalité

Elle avait pourtant ses detracteurs acharnés et les haines radicales ont eté à peine satisfaites par sa chute. Mais même au jour de l'immolation elle n'avait iien perdu de son prestige, et il nous est permis de rappeler avec un légitime orgueil qu'en descendant de nos sièges, l'accueil qui nous a ete

fait partout a été celui d'une respectueuse sympathie.

Si donc nous ne pouvons envisager l'avenir sans
crainte et le present sans degoût, nous avons le
droit de regarder en face notre passé, nous n'y
verrons rien que notre conscience doive des-
avouer.

C'est pour cela, mes chers collègues, qu'appele
a vous proposer un toast, je leve mon verre en
votre honneur, en l'honneur de la magistrature
proscrite.

REPONSE DE M HENRI BEAUNE

M. H. Beaune, ancien procureur général a la cour de Lyon, a répondu à cette allocution par le toast suivant :

Il y a deja douze ans et plus, la ville de Dijon assistait a un emouvant, a un rare spectacle. Dans une de ses rues où dix années plus tôt — j'en ai ete le temoin — le soldat allemand montait la garde sur le seuil d'une humble chapelle pour la préserver de l'outrage du vainqueur, guidee par l'administration superieure, la police française mettait le siège devant la maison de prières, afin d'en expulser deux ou trois moines sans defense. Au moment où la porte commençait a céder sous les coups de hache, un homme se lève, seul, impassible, grave et calme comme l'image de la justice ; il étend le bras, d'un geste il arrête l'envahisseur et, devant les mercenaires stupéfaits, il dresse froidement procès-verbal de la violence accomplie sous ses yeux. Ce vengeur du droit, ce dédaigneux de la force brutale, ne le cherchez pas loin, il est au milieu de nous : c'était l'ancien professeur de droit de la faculté de Grenoble, le maître aimé de quelques-uns d'entre vous, l'ancien procureur général de Besançon, l'une des lumières et l'une des autorités les plus respectées de la cour suprême, c'était le premier président en exercice de la cour de Dijon, celui qui, quelques années avant, prononçait ces paroles vraiment prophétiques que je me plais à redire, bien qu'à certains de nos successeurs l'application puisse en être cruelle : « Le seul service que le Gouvernement ait à demander au juge, le seul que celui-ci puisse jamais lui rendre, c'est de faire triompher le droit partout et contre tous, contre lui-même », son nom, vous l'avez déjà prononcé, et d'un mot vous l'avez désigné tout entier, c'était *le magistrat*.

Ne soyez donc pas surpris, Monsieur le premier président, que nous nous soyons fait un orgueil de vous convier a cette table, et que nous regardions tous comme une douce recompense de nous y asseoir à vos côtes. Tombés de moins haut, peut-être avec moins de sérénité, a coup sûr avec moins d'éclat, mais pour la même cause, nous sommes fiers de porter avec vous l'impérissable témoignage de la fidelite au devoir, et si, a nos heures troublées, incertaines, la justice du temps est trop lente a devancer celle de l'éternite, du moins, grâce a vous, nos enfants n'auront pas a remonter bien haut dans l'histoire pour apprendre comment le droit résiste a la force et comment, même mutilé, même vaincu par elle, il lui survit.

Je bois a la sante de M. le premier président Cantel.

Lyon — Imprimerie Emmanuel Vitté, rue Condé, 20